Leyes Eternas

Leyes Eternas 3

**nuevos principios
de superación y valores**

recopilación de las frases más contundentes de

Carlos Cuauhtémoc Sánchez

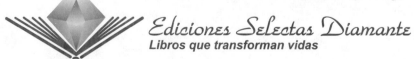

Ediciones Selectas Diamante
Libros que transforman vidas

LEYES ETERNAS
Volumen 3

Derechos reservados:
© 2001 Carlos Cuauhtémoc Sánchez
© 2001 Ediciones Selectas Diamante, S. A. de C. V.
  Libros que transforman vidas
  Convento de San Bernardo No. 7, Jardines de Santa Mónica,
  Tlalnepantla Estado de México, C. P. 54050 Ciudad de México.
  Tels. y fax: 53-97-31-32 con cinco lineas
  E-mail: ediamante@prodigy.net.mx
      diamante@data.net.mx
  Miembro de la Cámara Nacional de la Industria Editorial Mexicana núm. 2778

ISBN: 968-72-77-44-0

<u>IMPORTANTE</u>:

En la portada de todos los ejemplares de *"Leyes Eternas"*, debe aparecer el holograma de autenticidad, tridimensional, con la figura de un diamante, exclusivo de las obras originales. En caso de que no aparezca en éste o en cualquier otro ejemplar, por favor de aviso a la P. G. R. o a Ediciones Selectas Diamante, reportando el lugar donde lo adquirió.

IMPRESO EN MÉXICO
PRINTED IN MEXICO

Ilustración de cubierta: © Digital Vision Ltd. Usada bajo licencia.
Imágenes: Leyes 9 y 27, archivos fotográficos de Ediciones Selectas Diamante, S. A. de C. V. ©1992-2001. Leyes 1, 2, 3, 4, 6, 8, 12, 13, 14, 15, 19, 20, 21, 23 y 28 de Corel Corporation y Corel Corporation Limited ©1988-1999, protegidas por las leyes de derechos de autor de U. S., Canadá y otros países. Usadas bajo licencia. Leyes 5, 7, 16, 17, 18, 22, 24, 25, 26 y 29 de Corbis Corp. Corbis ©1999. Usadas bajo licencia. Leyes 10 y 11 de Digital Vision Ltd. ©1999. Usadas bajo licencia.

ÍNDICE

HÁBITOS DE VIDA

1. LEY DE LA BUENA AUTOVALORACIÓN 13

- Energía cinética
- Somos responsables de nuestra autovaloración
- Consejos para aumentar la autoestima de un niño

2. LEY DE LA DIGNIDAD 17

- La dignidad se pierde poco a poco
- La dignidad no se compra con dinero
- Algunas reglas básica sobre dignidad

3. LEY DE LA LIBERTAD DE PENSAMIENTO 21

- Piense: no está obligado a obedecer siempre
- Piense: no está obligado a cargar con problemas ajenos
- Piense: puede decir abiertamente "no se" o "no entiendo"
- Piense: tiene derecho a no dar explicaciones

4. LEY DE LA COSTUMBRE 25

- Degradaciones paulatinas
- Auditoría de hábitos
- El hábito del tabaco

5. LEY DE LA HONESTIDAD 29

- La deshonestidad que nos rodea
- Usted vale por su honradez
- Honradez en los dirigentes
- Sea honesto al hablar

6. LEY DE LA CRISIS DE VALORES 33

- Preceptos a seguir
- Renovación de valores
- Tener valores es una necesidad

ACTITUD ANTE LOS RETOS

7. LEY DEL LA MISIÓN DE LOS PROBLEMAS 39

- Marco de misión
- Tome perspectiva
- No se rebele
- El dolor eleva o destruye a la persona
- Nada que perdonar

8. LEY DE LAS RUPTURAS AFECTIVAS 43

- Rupturas "propiciadas" y "circunstanciales"
- Después de una ruptura, pida ayuda
- Reorganice su vida
- ¿Divorciado?

9. LEY DEL DERECHO DE RESTITUCIÓN 47

- Incongruencias de la vida
- Derecho de restitución
- Sea paciente y siembre el bien

10. LEY DEL CONTENTAMIENTO 51

- Esfuércese por estar contento
- No se preocupe
- Dios desea nuestra felicidad
- Sea siempre niño en su corazón

ACCIONES CONCRETAS

11. LEY DE LA TÉCNICA PARA TRIUNFAR 57

- Defínase ahora
- Visualice y actúe
- Aproveche el tiempo al máximo
- Enseñe a los niños a aprovechar el tiempo

12. LEY DE LAS GRANDES OBRAS 61

- Hechos de grandeza
- Pensamiento positivo
- Los destructivos

13. LEY DEL DEPORTISTA 65

- El deporte forja el carácter
- No se quede postrado

14. LEY DEL ÉXITO EQUILIBRADO 69

- Éxito desequilibrado
- Las tres dimensiones del ser humano
- Dimensión pública, dimensión de soporte, dimensión secreta y metas equilibradas

AMOR DE PAREJA

15. LEY DE LA FRUTA PROHIBIDA 75

- Las barreras rotas
- El órgano sexual más poderoso
- La tentación de lo clandestino
- La infidelidad es imposible de ocultar
- Cómo vencer la tentación
- Oculte la infidelidad pasada

16. LEY DEL AMOR NO CORRESPONDIDO 81

- Espejismo mortal
- Síndrome de estocolmo
- Síndrome de "peor es nada"

17. LEY DE LA LIBERTAD PARA ELEGIR PAREJA 85

- El sueño de Dios para el matrimonio

18. LEY DE LA INTIMIDAD CONYUGAL 89

- Alimento vital
- Cuestión de tiempo
- Equilibrio en el encuentro sexual

19. LEY DEL AMOR CONSTRUIDO CON SERVICIO 93

- Romanticismo o trabajo
- Amor ciego
- Pague el precio en el matrimonio
- Exalte a su pareja

EDUCACIÓN DE LOS HIJOS

20. LEY DE LAS CONFRONTACIONES INFANTILES 99

- Los berrinches crean problemas de aprendizaje
- Guerra de poderes
- Círculo vicioso de los berrinches
- Como actuar frente a un berrinche

21. LEY DE LAS REGLAS PARA EVITAR LA PERDICIÓN 103

- Educar a los hijos
- Niños obedientes
- Respeto
- Unión
- Prosperidad
- Autonomía

22. LEY DE LAS ETAPAS DE TRANSICIÓN 107

- Saltar tomado de la mano de papá
- ¿Dormir en la cama de los papás?
- Buen padre y mal padre
- Sea buen maestro para sus hijos

23. LEY DE LOS NIÑOS POBRES 111

- ¿Sus hijos son pobres?
- ¿Sus hijos son ricos?
- La riqueza se hereda

24. LEY DE LOS PADRES DIVORCIADOS 115

- Siempre sufren daños
- Como decírselo a los niños
- Socios permanentes en la educación de los hijos
- Un nuevo convenio
- Código para los niños de padres divorciados
- Peligro de incesto en familias combinadas
- Familias combinadas

RELACIONES HUMANAS Y FAMILIA

25. LEY DE LA TRASCENDENCIA 123

- Ascender o trascender
- Vocación de servir
- Ser generoso
- El privilegio de servir

26. LEY DEL AMOR INCONDICIONAL 127

- Tres niveles de amor
- Los errores ajenos
- Amor incondicional con los hijos

27. LEY DE LA COMPRENSIÓN DE EMOCIONES OCULTAS 131

- Decodificar mensajes
- Testimonio de comprensión
- Comprende a quien desee llorar
- El mismo Jesucristo...

28. LEY DE LOS HERMANOS 135

- Un hermano es el mayor tesoro de la Tierra
- Bendición o maldición
- Envidias entre hermanos

29. LEY DEL AMOR VOLUNTARIO 139

- Cuestión de voluntades
- Trátense bien aunque no les nazca
- No postergue su compromiso de amar
- "Crisis por sectores"
- La fuente de amor infinito

LEYES DE HÁBITOS DE VIDA

Autovaloración
Dignidad
Libertad de pensamiento
Costumbre
Honestidad
Crisis de valores

1
Ley de la buena autovaloración

La buena autovaloración propicia grandes resultados y éstos generan una mayor autoestima; por ello, quien comienza a triunfar en algo, termina conquistando todo lo que se propone.

de Dirigentes del mundo futuro

ENERGÍA CINÉTICA

Citas tomadas de *Dirigentes del mundo futuro*

Una maquinaria no funciona sin energía motriz. La fuerza propulsora del cerebro y del carácter es la autoestima; sin ella no hay acción.

~·~

Hay empresas en las que los empleados no tienen deseos de trabajar porque se sienten subvaluados: les han robado la fuerza cinética de autoestima.

~·~

La autoestima se traduce en "energía de movimiento", por lo que, sin ella, es imposible concretar actos de grandeza.

SOMOS RESPONSABLES DE NUESTRA AUTOVALORACIÓN

Citas tomadas de *Sangre de campeón*

Aquel que se cree capaz, con frecuencia realiza obras excelsas, pero quien se juzga torpe, casi nunca alcanza sus metas.

~·~

Cuando tengas un mal día, no pienses que es el fin del mundo; cuando tengas éxito, tampoco creas que has logrado algo fundamental. Toma la vida más a la ligera.

No te desanimes si alguien te maltrata, sigues valiendo mucho por otras razones. Tu autoestima debe permanecer intacta, aunque a veces te vaya mal.

CONSEJOS PARA AUMENTAR LA AUTOESTIMA DE UN NIÑO
Citas tomadas de *Dirigentes del mundo futuro*

Los niños creen todo lo que se les dice; no ponen en duda la afirmación de un adulto que opina: "eres extraordinario", pero tampoco la de otro que afirma: "eres odioso".

~·~

Para los niños (y para muchos adultos), los premios materiales carecen de valor. Lo que los motiva a estudiar o a competir, es el reconocimiento, las distinciones y las frases de aliento y admiración.

~·~

Defina con el niño aquellas habilidades manifiestas y latentes en las que destaque de forma especial sobre sus hermanos, primos y amigos.

~·~

Proporcione al chico todos los elementos y facilidades para que fructifiquen sus dones. Si, por ejemplo, resultó ser hábil para la música, no repare en comprarle un instrumento ni en inscribirlo en clases especiales .

HÁBITOS DE VIDA

Los dones de muchos genios maduraron gracias al impulso temprano de sus padres.

~·~

Ayude al niño a convertirse en un experto, no importa en qué: botánica, dinosaurios, computadoras, juegos de video, música, rocas, fútbol... Dominar una disciplina o una actividad aumentará su autoestima.

~·~

Organice una reunión familiar para que todos se digan sus cualidades. Enmarque las características positivas del niño póngalas en su habitación.

~·~

Motive al niño a hablar claro, ser sincero, expresar sus anhelos, reírse de sus errores y hablar de sus aciertos.

~·~

Enaltezca al pequeño que tenga el valor de opinar algo diferente o contrario a lo que piensa la mayoría.

~·~

Repruebe los comentarios negativos que el niño haga sobre sí mismo. Indúzcalo a amarse y tenerse respeto.

~·~

Enseñe al niño a amar a Dios para que se sepa de naturaleza eterna y siempre dé gracias por todo lo que tiene.

2
Ley de la dignidad

La dignidad es una convicción secreta de que valemos mucho y merecemos respeto, a pesar de nuestros tropiezos o carencias.

de *Contraveneno*

LA DIGNIDAD SE PIERDE POCO A POCO
Citas tomadas de *Contraveneno*

Cada agresión soportada en silencio sienta un precedente que indica al agresor hasta dónde puede llegar sin recibir protestas o contraataques.

~·~

Aceptar un maltrato menoscaba la dignidad del agredido e incrementa el poder del ofensor.

~·~

Un "macho" violento es el compañero agresivo de una "hembra" cobarde que nunca pone límites.

LA DIGNIDAD NO SE COMPRA CON DINERO
Citas tomadas de *Contraveneno*

Cuando la mujer soporta malos tratos no es por falta de dinero sino de dignidad.

~·~

Diógenes estaba cenando lentejas cuando Aristipo, que vivía bien a fuerza de adular al rey, se burló de su colega diciendo: "Si aprendieras a ser lambiscón no tendrías que comer lentejas". A lo que Diógenes contestó: "Si aprendieras a comer lentejas no tendrías que ser lambiscón".

Las irregularidades graves que se soportan en aras de la seguridad económica, siempre menoscaban la dignidad.

~·~

Las mujeres de la calle se dejan humillar a cambio de dinero, pero la dignidad es invaluable y, cuando se pierde, no se recupera con monedas.

~·~

Quien tolera que le hagan sentir como basura a cambio de un estatus económico, está ejerciendo una forma de prostitución.

ALGUNAS REGLAS BASICAS SOBRE DIGNIDAD
Citas tomadas de Contraveneno

En el futuro, cuando alguien le haga un reclamo, escúchelo, pero no sin poner un límite claro en las "formas" que está dispuesto a tolerar.

~·~

Vale la pena luchar por un hogar, pero no hay que olvidar que el triunfo de la familia se basa en la sana dignidad de cada uno de sus miembros.

~·~

Debemos enseñar a los niños que las personas merecemos respeto y que debemos protestar cuando alguien atente contra nuestra dignidad.

Los niños precisan saber que tienen derecho a poner en duda la autoridad del adulto, a negarse a sus exigencias, reclamar, huir, gritar, armar un escándalo, morder, golpear o patear y pedir auxilio.

3

Ley del
pensamiento libre

Los grilletes mentales nos convierten en personas débiles,
manipulables e infelices. Si pensamos lo correcto seremos
libres en nuestro interior.

de *La fuerza de Sheccid*

PIENSE: NO ESTÁ OBLIGADO A OBEDECER SIEMPRE
Citas tomadas de *Dirigentes del mundo futuro*

La obediencia no es un valor por sí misma. Es malo obedecer lo malo, y bueno obedecer lo bueno.

~·~

Quien obedece siempre termina siendo manejado al antojo de otros y, en el peor de los casos, se convierte en drogadicto, promiscuo, delincuente o víctima de abusos.

PIENSE: NO ESTÁ OBLIGADO A CARGAR CON PROBLEMAS AJENOS
Citas tomadas de *Volar sobre el pantano*

Dar es un acto sublime cuya grandeza estriba en su espontaneidad, pero obligar a alguien a dar es un hecho tiránico.

~·~

Brinde ayuda de forma voluntaria y resérvese el derecho de hacerlo cuando traten de imponérselo mediante amenazas.

~·~

"Préstame dinero", "sacrifícate por mí", "regálame eso", "no me dejes sufrir", "dame lo que tienes..." Son frases que los demás usan para hacerle sentir responsable de algo que no es.

Libérese de la presión que provoca el sufrimiento de otros. Aunque puede influir en los demás, pocas veces usted es culpable de la ruina ajena.

~·~

Cada uno debe enderezar el camino de su propia vida y usted no puede hacer por sus seres queridos lo que ellos no desean hacer por sí mismos.

~·~

Deje de sobreproteger a quienes ama y ayúdelos a entender que ellos son responsables de las consecuencias de sus actos.

~·~

El sufrimiento ayuda al progreso de quien lo padece. No lo provoque, pero tampoco lo lleve a cuestas.

PIENSE: PUEDE DECIR ABIERTAMENTE "NO SÉ" O "NO ENTIENDO".
Citas tomadas de *Volar sobre el pantano*

Los soberbios tratarán de ponerlo a prueba esperando que se equivoque para echárselo en cara... No caiga en ese juego.

~·~

Siempre puede contestar con un simple "no sé". Recuerde que fingir para agradar es avergonzarse de uno mismo.

Observar con atención y aprender a reconocer una y otra vez que "no saben" para hacer que los demás expliquen, es el secreto de los sabios.

~·~

Si no sabe o no entiende algo, dígalo. En vez de sentirse pequeño, enorgullézcase de su honestidad, pues aprenderá algo nuevo y ese día tendrá más sentido para usted.

PIENSE: TIENE DERECHO A NO DAR EXPLICACIONES
Citas tomadas de *Volar sobre el pantano*

Si un manipulador lo molesta o trata de que acepte sus condiciones, no se disguste; manifieste su desaprobación serenamente pero con firmeza.

~·~

No discuta ni trate de convencer a los manipuladores con argumentos, basta con decirles lo que quiere. Insista, aunque sus frases no contesten las preguntas que le hagan.

~·~

La perseverancia carente de ira desarma a los de mente estrecha y los obliga a ceder aunque sea de mala gana. La fórmula clave es "persistir con serenidad".

4

Ley de la costumbre

Los seres humanos nos acostumbramos a todo: bueno y
malo. Lo que al principio nos asombra, resulta menos
sorprendente cuanto más lo vemos.

de *Dirigentes del mundo futuro*

DEGRADACIONES PAULATINAS

Citas tomadas de *Dirigentes del mundo futuro*

¿Ha entrado a una casa que huele mal? Quienes están dentro no lo perciben, y si usted permanece en el interior, en poco tiempo tampoco lo hará.

~·~

La primera vez que uno de los cónyuges grita o insulta, el otro es incapaz de creerlo; la segunda vez, el asombro del agredido disminuye. Si las ofensas persisten, la víctima se acostumbra y asume ese hecho como parte de su vida.

~·~

Nos habituamos al alcohol, al cigarro, la pornografía, la suciedad, el desorden, la falta de respeto y los pleitos familiares.

~·~

La violencia repentina produce angustia, por eso al iniciarse una rebelión armada todos los ojos están puestos en el conflicto, pero si continúa, después de varios meses sólo nos encogemos de hombros y perdemos interés.

~·~

Una rana que se introduce en agua caliente, salta huyendo, mas si se coloca en un recipiente de agua fría para entibiarla gradualmente, el agua comenzará a hervir con la rana adentro. Los verdaderos hombres-rana no son los buzos, sino quienes se han acostumbrado a las irregularidades en las que viven.

AUDITORÍA DE HÁBITOS
Citas tomadas de *La fuerza de Sheccid*

Para conocer el retrato exacto de alguien, basta con hacer una lista detallada de sus hábitos.

~·~

La superación personal se apoya en el análisis de los hábitos antiguos y la decisión de adquirir hábitos nuevos. Para suprimir hábitos nocivos se requiere un deseo ferviente, una decisión tajante y una disciplina férrea.

~·~

Los viejos hábitos siempre perseguirán a la persona que desea cambiarlos. Para vencer una antigua costumbre es preciso derrotar los apetitos y decirle un "no" rotundo a los amigos con quienes se satisfacían.

~·~

En una familia casi todos los miembros tienen hábitos similares.

~·~

Quien acostumbra ver dos horas diarias de televisión o más, se convierte en un teleadicto crónico. A un teleadicto a quien se separa de la televisión le sobreviene un síndrome de abstinencia: se torna irritable, nervioso e impaciente.

~·~

La televisión es un hábito destructivo. Roba a los jóvenes la creatividad y la iniciativa.

EL HÁBITO DEL TABACO

Texto tomado de *La fuerza de Sheccid*

El cigarro es una de las dos drogas mundialmente permitidas. La nicotina tarda, una vez inhalada, de dos a tres segundos en llegar al cerebro; por el efecto de la droga, el cerebro libera acetilcolina: neurotransmisores que estimulan la agudeza mental y física. Si se continúa fumando, en unos minutos se producen endorfinas beta que inhiben el sistema nervioso. Por eso el cigarro ocasiona ese extraño doble efecto, estimulante y relajante. Hoy se sabe que dos tercios de los adolescentes que prueban el cigarro se vuelven adictos a la nicotina. El Instituto Nacional de Enfermedades Respiratorias publicó que el tabaco ocasiona que los dientes se vuelven amarillos, lo mismo que los dedos y fosas nasales; se adquiere olor y aliento desagradable, la piel pierde su frescura, aparecen arrugas prematuras y se afecta el rendimiento físico. Después de algunos años de fumar aumenta la presión sanguínea y el ritmo cardiaco; todo lo anterior da pie a enfermedades crónico degenerativas como enfisema pulmonar, oclusión arterial, padecimientos metabólicos, alteraciones digestivas, trastornos del sistema nervioso y de los músculos, influenza, neumonía, infartos, cáncer de pulmón, vejiga, cérvix, páncreas, esófago y boca. Además, estudios recientes afirman que la nicotina produce más adicción que el alcohol, la cocaína y la heroína. Por eso, los mítines más sangrientos en las cárceles, han ocurrido cuando se ha restringido el uso del cigarro.

El cuadro anterior motiva a un gran reto para todos los fumadores: Dejar ese veneno de una vez y para siempre. De la misma forma, suscita una aseveración directa para el joven que aún no fuma: Sólo siendo un estúpido inconsciente se puede comenzar a hacerlo sabiendo lo malo que es. ¡Declárale la guerra al tabaco! Atrévete a ser distinto. No fumes sólo porque tus familiares o compañeros lo hacen. Distínguete por un criterio superior encaminado a ser sano, próspero y fuerte. Elige adecuadamente a tus amigos porque, al final, serás el reflejo de los hábitos que aprendiste y adoptaste de ellos.

5

Ley de la honestidad

Cuando actuamos con honestidad conservamos nuestra medalla de honor; la gente no la ve, pero podemos sentirla en nuestro interior porque nos permite mirar de frente, como verdaderos triunfadores.

de Sangre de Campeón

LA DESHONESTIDAD QUE NOS RODEA
Citas tomadas de *Sangre de Campeón*

Hay dos formas de obtener premios: con engaños y mentiras o con trabajo y rectitud. Por desgracia, en la primera se alcanzan más.

~·~

El mundo está lleno de personas que presumen recompensas no merecidas, títulos robados, dinero ilegal. Todos quieren parecer campeones, pero muy pocos están dispuestos a pagar el precio de serlo verdaderamente.

~·~

El camino de la rectitud es lento. No se desespere. Si es honesto, ganará pocas veces porque competirá contra demasiados tramposos.

~·~

No se obsesione con tener todos los premios, es mejor esmerarse siempre y coleccionar alegrías por hacer lo correcto.

~·~

Jamás entre al juego del engaño. Los tramposos tratarán de convencerlo para que se una ellos, pero la naturaleza de usted es hacer el bien.

USTED VALE POR SU HONRADEZ
Citas tomadas de *Sangre de Campeón*

La verdadera medalla de honor no es de metal, no se puede tocar porque se lleva en el corazón. Usted tiene una, jamás la cambie por dinero o galardones.

Un campeón no vale por sus diplomas, sino por su honradez.

HONRADEZ EN LOS DIRIGENTES
Citas tomadas de *Sangre de Campeón*

Los dirigentes tienen muchas obligaciones; la más importante es enseñar honradez.

~·~

Cuando un líder hace trampa, le falla a toda su gente porque viola el principio fundamental del liderazgo: ser un ejemplo a seguir.

~·~

Necesitamos dirigentes íntegros: en la política, en los negocios y en la sociedad. Dirigir es un gran reto porque muchas personas hipócritas adulan a los dirigentes hasta envanecerlos.

~·~

El jefe llega a creerse superior y se corrompe. No aplique el poder para mandar, sino la autoridad para servir.

SEA HONESTO AL HABLAR
Citas tomadas de *Sangre de Campeón*

Es muy fácil decir mentiras. Muchos lo hacemos pensando que evitaremos problemas, pero sucede exactamente lo contrario.

~·~

La fortaleza real de alguien se mide por su capacidad para resistir a la tentación de mentir.

HÁBITOS DE VIDA

Aunque la "verdad" lo avergüence o, de momento, no le convenga, jamás diga mentiras.

~·~

Los ojos son como las ventanas del alma; en la mirada puede detectarse al mentiroso.

6
Ley de la crisis de valores

Quien vive una crisis moral ocasiona el mal sabiendo cuál es el bien; en cambio, quien vive una crisis de valores no tiene directrices, se disfraza de intelectual para declarar que hay maldad en la bondad y bondad en la maldad.

de *La fuerza de Sheccid.*

PRECEPTOS A SEGUIR

Los valores son la meta a seguir, el código de honor que mantiene en pie a la sociedad, que permite la unión de las familias y le da un sentido de trascendencia a la vida.

de Juventud en éxtasis

~·~

Los valores son preceptos de conducta que marcan un modelo no negociable ni discutible; se acogen en el corazón y se viven.

de Juventud en éxtasis

~·~

Algunos valores universales son la disciplina, la honestidad, el coraje, la justicia, la gratitud, la prudencia, el buen humor, la lealtad, la fe y el amor.

de La fuerza de Sheccid

~·~

Cuando nos apropiamos de ciertos valores universales y los convertimos en "nuestros", de inmediato adquirimos directrices para vivir.

de La fuerza de Sheccid

RENOVACIÓN DE VALORES

Existen jóvenes que compiten por seducir mujeres y padres que llevan a sus hijos a "inaugurarse" con prostitutas. Ahora la corrupción y el engaño constituyen una muerte segura.

de La fuerza de Sheccid

Se ha iniciado un nuevo proceso de "selección natural": estamos en la época de la renovación de los valores y no sobrevivirá quien no sea íntegro, leal y honesto.

de La fuerza de Sheccid

TENER VALORES ES UNA NECESIDAD

Nada causa más paz al hombre que practicar el amor; nada le proporciona más placer que tener una actividad creativa, y nada le da más alegría que actuar con base en la verdad, la honestidad y el perdón.

de Un grito desesperado

~·~

No es tarde. La mayoría de los seres humanos estamos a tiempo de rectificar. Existe una esperanza, una luz en el camino y, para alcanzarlas, el único precio a pagar es el de actuar de manera ética.

de La fuerza de Sheccid

~·~

Ser equilibrado es ser feliz sin olvidar ser responsable; disfrutar las sensaciones del cuerpo sin separarlas de la importancia del alma; admirar la belleza física sin olvidar la belleza interior.

de Juventud en éxtasis 2

~·~

Ser equilibrado es ser profundo, ver más allá de lo aparente y no dejarse llevar por los impulsos.

de Juventud en éxtasis 2

LEYES DE ACTITUD ANTE LOS RETOS

Misión en los problemas
Rupturas afectivas
Derecho de restitución
Contentamiento

7

Ley del la misión en los problemas

Cuando se pregunte cual es su misión en la vida, analice los problemas que tiene. ¡En ellos hallará el "marco" donde se le está pidiendo actuar!

de Contraveneno

MARCO DE MISIÓN
Citas tomadas de Contraveneno

A las circunstancias que no podemos controlar se les llama "marco de misión". Un niño con síndrome de Down, un esquimal, un hijo de millonarios, un niño abandonado... usted con su particular historia. Todos poseemos un "marco de misión".

~·~

Todos podemos forjar un destino sembrando y cosechando acciones, pero siempre dentro del marco designado.

~·~

Hemos sido creados con un propósito, y es la adversidad lo que nos prepara y nos acerca más a él...

TOME PERSPECTIVA
Citas tomadas de Contraveneno

Ante una tragedia es comprensible que llore, pero debe alejarse mentalmente de ella para ver el panorama completo.

~·~

A dos milímetros de distancia de un árbol el tronco lo es todo, pero en una vista aérea, el árbol toma su real dimensión. El problema que lo aqueja es el árbol y su vida es el bosque.

NO SE REBELE
Citas tomadas de Contraveneno

El doliente puede escuchar mejor los mensajes del Ser Supremo, pero con frecuencia nos rebelamos contra ello porque no siempre nuestra voluntad coincide con la Suya.

~·~

Queremos llevar la carga con nuestras propias fuerzas y nos rebelamos ante la idea de soltar la cuerda y abandonarnos a Dios.

~·~

Los seres humanos estamos diseñados para no dejar de sentir dolor después de cierto límite. Cuando el padecimiento físico o emocional llega a ese punto máximo, ocurre un bloqueo...

~·~

El dolor, cualquiera que éste sea, es soportable para nuestras fuerzas. Lo único que puede convertir al dolor en insufrible es la rebeldía y la rabia por no aceptar nuestro marco de misión.

EL DOLOR ELEVA O DESTRUYE A LA PERSONA
Citas tomadas de *Contraveneno*

Todo lo que nos ocurre, por más inexplicable que parezca, nos brinda otra estatura intelectual, otro nivel de crecimiento del espíritu, otra perspectiva de las cosas...

~·~

Alguien puede tener una rosa en sus manos y exclamar: ¡Qué desastre, esta flor está llena de espinas! Mientras otro dirá: "¿No es increíble que entre estas espinas haya crecido una flor?

Dar el enfoque adecuado a los acontecimientos hará abismales diferencias.

~·~

Estamos llamados a ser almas superiores. Nuestros problemas de hoy serán nuestros testimonios de mañana.

~·~

Los percances ocurridos, por más disparatados que parezcan, conforman parámetros de acción, reto y madurez.

NADA QUE PERDONAR
Citas tomadas de *Contraveneno*

Testimonio:

Atraparon al homicida de mi hijo. Después de una gran lucha interna decidí visitarlo en la cárcel. Cuando estuve frente a él, le dije "te perdono". Sin embargo, no sentí paz como había imaginado. Pasé muchas noches de insomnio hasta que comprendí que había sido muy arrogante; en este caso realmente no había nada que perdonar, pues cuando mi hijo murió, Dios estaba en el corazón del asesinado y también estaba observando y permitiendo el asesinato...

~·~

Es imposible lograr la liberación de la mente si no existe reconciliación espiritual.

~·~

Le será imposible hacer "borrón y cuenta nueva" en su vida a menos que perdone, y el perdón legítimo es inasequible si no es a través del amor supremo del Creador.

8

Ley de las
rupturas afectivas

Las rupturas afectivas son eventos indeseables que
producen consternación; quien sufre una, debe
actuar con inteligencia para sobreponerse.

de Contraveneno

RUPTURAS "PROPICIADAS" Y "CIRCUNSTANCIALES"
Citas tomadas de *Contraveneno*

Cuando el afectado de una ruptura ha tenido gran parte de culpa se dice que la ha propiciado, como en el caso de los divorcios, despidos del trabajo, quiebras, mudanzas drásticas o encarcelamientos.

~·~

Cuando el afectado de una ruptura es una víctima inocente, se dice que su ruptura es circunstancial, como en enfermedades, invalidez, fallecimiento de seres queridos, violaciones, malos tratos y asaltos.

~·~

La gente ofrece consuelo a quien ha sufrido una ruptura circunstancial: hay apoyo, funerales, abrazos de pésame. La gente deja solo a quien ha sufrido una ruptura propiciada. "Después de todo él se metió en esto, es su problema."

DESPUÉS DE UNA RUPTURA, PIDA AYUDA
Citas tomadas de *Contraveneno*

Si usted ha vivido una ruptura propiciada deje de justificarse. La actitud de falsa fortaleza lo llevará a la arrogancia.

~·~

Después de una ruptura reconozca tres cosas: usted no es perfecto, ha cometido errores graves y necesita amor y comprensión.

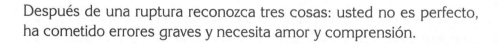

Busque ayuda. Existen terapeutas profesionales, grupos con eficientes programas de recuperación, asesores espirituales y amigos preparados.

REORGANICE SU VIDA
Citas tomadas de *Contraveneno*

Toda ruptura deja dos realidades: una profunda herida emocional y un enorme caos funcional.

~·~

La herida emocional causada por una ruptura suele ser tan dolorosa como una herida física, pero el afectado debe cargar con ella convencido de que el tiempo la hará sanar.

~·~

El caos funcional, después de una ruptura, hace a la persona descuidar su trabajo, postergar compromisos, perder dinero, fracasar en los estudios o dañar su cuerpo.

~·~

No ponga como excusa el dolor emocional para seguir justificando su caos funcional; deje de exhibir su pena y reorganice su vida.

~·~

Plantéese nuevas metas. Su herida emocional seguirá doliendo, pero lo mejor es tratarla como un asunto aparte, privado y secreto. La vida continúa; deje de lloriquear y ponga manos a la obra.

Muchas personas en crisis optan por tener correrías sexuales, consumir alcohol, droga o fármacos sin darse cuenta de que así se destruyen por completo.

~.~

La escalera de la recuperación es muy larga y mirar hacia arriba puede causar desesperación. El reto es subir un peldaño cada día.

¿DIVORCIADO?
Texto tomado de *Contraveneno*

Sin duda le fue difícil enfrentar el trauma de algo que nunca pensó que le ocurriría a usted... sentir su autoestima por los suelos y vivir el periodo de ira hasta llegar a las cenizas del perdón. Aunque sea divorciado, tiene una vida tan legítima y valiosa como la de cualquier persona; es un ser humano con los mismos derechos que los más virtuosos. Nunca piense que posee una familia a medias, la suya se ha separado, pero está completa. No alimente más el dolor o el rencor. Hoy tiene muchas cosas por hacer, mucho que vivir y mucho por crecer y disfrutar. Reorganizar su vida no será fácil, pero es un reto interesante, un reto hermoso al que debe enfrentarse con la cara en alto.

9
Ley del derecho de restitución

Quienes sufren injustamente serán consolados: tarde o temprano se les restituirá con creces todo lo que se les quitó. La creación se mantiene siempre en equilibrio.

de *Dirigentes del mundo futuro*

INCONGRUENCIAS DE LA VIDA

A veces nos preguntamos: ¿por qué nacen niños enfermos?, ¿por qué hay pobreza extrema?, ¿por qué ocurren desgracias a los buenos?, ¿dónde está la justicia de Dios cuando un inocente sufre?

de Dirigentes del mundo futuro

DERECHO DE RESTITUCIÓN
Citas tomada de *Dirigentes del mundo futuro*

Vivimos en un mundo en el que predomina la perversidad. Muchos problemas son consecuencia de la mala conducta, pero otros simplemente llegan a nuestra vida porque estamos rodeados de maldad.

~·~

Imagine que, entre mil personas, a la señora Pérez le roban su bolsa. En forma automática ella adquiere un derecho que no tienen las otras novecientas noventa y nueve personas: el de que su bolsa le sea devuelta. A eso se le llama "derecho de restitución".

~·~

No todos tenemos los mismos derechos, un chico discapacitado tiene más derechos que los niños sanos.

~·~

Jesús no dice: "Bienaventurados los hambrientos porque están purgando una condena que tienen merecida"; más bien dice que «serán saciados». No dice: "Bienaventurados los que sufren porque así apren-

derán a ser buenos". Dice: "Si sufren, serán consolados, si están enfermos, serán sanados, si lloran, reirán y si son humildes, poseerán el reino de los cielos". Ése es el decreto del equilibrio.

~·~

A las desgracias inmerecidas se les estampa el sello de la restitución; no quedarán así; se recompensará a los que sufren con sobreabundancia de bien.

~·~

El sufrimiento no siempre es consecuencia de una mala acción, pues hay millones de personas que padecen sin merecerlo. A la larga se les devolverá multiplicado cuanto se les quitó. Serán bendecidos de forma profusa.

SEA PACIENTE Y SIEMBRE EL BIEN
Citas tomada de *Dirigentes del mundo futuro*

En la vida todo se acumula en una libreta de cargos y abonos. Asegúrese de tener siempre un saldo a favor.

~·~

No realice acciones que constituyan una deuda que pagar.

~·~

No siembre el mal con malas acciones pues quizá así anule el derecho de que se le restituya cuanto se le debe.

Sea paciente, siga haciendo el bien. A todo lo que se le restituirá se le sumarán las bendiciones que usted mismo siembre.

~·~

Si alguien lo dañó, sea paciente y no cobre venganza. La vida le devolverá cuanto le fue robado y aplastará tarde o temprano a su ofensor... Todos deseamos justicia inmediata, por eso debemos actuar: ofrecer en vez de reclamar, ayudar en vez de lloriquear. Si no puede abrazar a su hijo ausente, abrace a su hijo o hija presente. Conviértase en un "agente de restitución".

10

Ley del contentamiento

Nadie es feliz de manera natural, todos debemos aprender a serlo esforzándonos por estar contentos la mayor parte del tiempo.

de Sangre de Campeón

ESFUÉRCESE POR ESTAR CONTENTO
Citas tomadas de *Sangre de Campeón*

No importa lo arduo que sea el trabajo a realizar, hágalo bien y disfrútelo.

~·~

La mejor manera de asimilar enseñanzas es disfrutando las clases. La mejor forma de madurar en la vida es gozando cada día.

~·~

Esfuércese por sonreír, entusiásmese con las pruebas y las tareas; haga de cada instante un alegre reto.

NO SE PREOCUPE
Citas tomadas de *Sangre de Campeón*

Sus problemas son pasajeros y tienen un propósito: aprender cosas nuevas y madurar.

~·~

Es ridículo preocuparse por situaciones que todavía no han ocurrido. Ocúpese sólo de este día: ¡Tiene algo que hacer *hoy*! ¡Hágalo con entrega y alegría!

~·~

Deje de preocuparse, las preocupaciones sólo lo hacen infeliz; además, casi nunca suceden las cosas que nos preocupan.

Posee las armas para enfrentar el presente, así que no permita que lo atormente el futuro pues, en *este momento*, ese futuro no existe y cuando llegue, ya no será futuro, será un nuevo momento presente y lo enfrentará sin problemas.

DIOS DESEA NUESTRA FELICIDAD
Citas tomadas de *Sangre de Campeón*

Recuerde que su Padre Celestial controla el universo y para quienes lo aman, nada de lo que ocurre es dañino.

~·~

Haga siempre lo mejor que pueda, entregue su vida a Dios para que viva bajo su protección y déjelo actuar. Al final, siempre lo bendecirá.

SEA SIEMPRE NIÑO EN SU CORAZÓN
Citas tomadas de *Sangre de Campeón*

Al crecer, algunos niños pierden su sensibilidad y su inocencia, es entonces cuando olvidan las experiencias más bellas.

~·~

Los niños son los seres preferidos de Dios, ¡nunca deje de ser niño!

~·~

¿Conoce algún adulto que sea niño de corazón? Analice su comportamiento, con toda seguridad es una persona feliz.

ACTITUD ANTE LOS RETOS

Quien tiene corazón de niño sonríe, es optimista y se divierte siempre, ¿puede intentar ser así?

~·~

Nunca deje de creer. Viva con alegría, use su imaginación y, sobre todo, luche cada día por un ideal.

LEYES DE ACCIONES CONCRETAS

Técnica para triunfar
Grandes obras
Deportista
Éxito equilibrado

11

Ley de la técnica
para triunfar

El éxito no es casualidad, sólo lo alcanzan quienes aplican una técnica esencial: la definición de metas, el comportamiento coherente y la actitud de tenacidad inquebrantable.

de Sangre de Campeón

DEFÍNASE AHORA
Citas tonadas de *Sangre de Campeón*

Imagine el tipo de persona que desea llegar a ser y trace un plan para su vida. Cuanto más pronto se defina y comience a perseguir sus anhelos, más pronto los alcanzará.

~·~

Compórtese *ahora* como se comportaría si ya fuera la persona que desea llegar a ser.

~·~

Si anhela una meta, pero no se comporta de acuerdo con ella, se convertirá en una persona incoherente y eso lo llevará al fracaso.

VISUALICE Y ACTÚE
Citas tonadas de *Sangre de Campeón*

Viaje mentalmente al futuro. Obsérvese dentro de diez años. ¿Cómo viste? ¿Cómo es su casa, su coche, su pareja, su familia? ¿Cuál es su profesión? ¿Tiene dinero?, ¿cuánto? ¿Es famoso?, ¿por qué? Escriba con detalle lo que ha visualizado y trace su "cadena de objetivos".

~·~

Es más fácil construir cadenas inversas de objetivos, es decir, empezar en el futuro y terminar en el presente. Recuerde que para lograr grandes metas debe ir forjando, día con día, los eslabones de la cadena.

~·~

No basta con desear algo, hay que poner manos a la obra y luchar hasta conseguirlo.

Un campeón no se queda con los sueños en la mente, actúa y los convierte en realidad.

~·~

Lo mediocres jamás sobresalen, pues no saben lo que quieren; dejaron pasar su niñez y juventud sin definirse.

~·~

¡Usted tiene sangre de campeón! Libérese de la mediocridad. ¡Defínase ahora! No puede pasar por la vida sin dejar huella.

~·~

Tal vez haya personas que se rían de usted. Los campeones soportan la burla de los mediocres y continúan luchando por sus anhelos, por eso algún día los alcanzan.

APROVECHE EL TIEMPO AL MÁXIMO
Citas tomadas de *Dirigentes del mundo futuro*

Todo proyecto se expande hasta abarcar el tiempo disponible.

~·~

No es el ritmo de trabajo rápido o lento lo que propicia la culminación puntual de las cosas, sino el tiempo permitido lo que propicia que el ritmo de trabajo sea rápido o lento.

~·~

Sin presiones de tiempo, todo esfuerzo disminuirá con la tendencia a cesar por completo.

ACCIONES CONCRETAS

Induzca la mayor velocidad posible en las ideas y en los resultados. No basta con hacer las cosas bien, hay que hacerlas rápido.

~·~

No hay grandes líderes, lánguidos o indiferentes al reloj, las genios se caracterizan por su extremo celo para aprovechar el tiempo.

~·~

El creador de grandeza tiene capacidad para aprovechar cada minuto del día y arrancarle resultados positivos. Quien subestima el tiempo subestima la vida.

ENSEÑE A LOS NIÑOS A APROVECHAR EL TIEMPO
Citas tomadas de *Dirigentes del mundo futuro*

Cuando los padres le enseñan al niño a organizar sus actividades, a programar sus horarios, a terminar sus trabajos, a cumplir sus metas en las fechas proyectadas y a llegar puntual a sus citas, los encauzan hacia la verdadera productividad.

~·~

Cuando enseñe algo nuevo, primero practique con el niño el proceso y después ponga un cronómetro frente a él; con aplausos y elogios ayúdelo a alcanzar la meta cada vez en menor tiempo.

~·~

En la educación, suba al límite máximo el aprovechamiento del tiempo. Mientras más temprana sea la enseñanza y menos tiempo desperdicie, mejor.

~·~

Sólo poniendo atención a lo importante y actuando con rapidez para lograrlo, se trasciende.

12

Ley de las grandes obras

El creador de obras geniales no sólo piensa en cómo deberían ser las cosas, sino que hace que las cosas sucedan como deberían.

de Dirigentes del mundo futuro

HECHOS DE GRANDEZA

Citas tomadas de *Dirigentes del mundo futuro*

Las acciones de grandeza son los frutos de un triunfador: creaciones artísticas, empresas erigidas, inmuebles construidos, negocios concretados, productos innovados, hijos educados...

~·~

El creador de grandes obras es como un resorte comprimido: espera el momento preciso de la acción y tiene el brío para actuar con valor cuando llega ese momento.

~·~

Un profesional echa mano de recursos pensados y actúa de forma calculada. Jamás dice maldiciones. Aunque no siempre tiene éxito, invariablemente sale con la cara en alto y deja tras de sí una estela de grandeza.

~·~

El creador de obras geniales, ante los problemas, agudiza sus sentidos, pero permanece con la cabeza fría.

PENSAMIENTO POSITIVO

Todos poseemos dos cristales a través de los cuales podemos mirar hacia el exterior: uno transparente y otro turbio.

de *La última oportunidad*

Cada persona, sin importar su edad, sexo, religión o raza, tiene algo superior a usted; por eso, acepte a todos, escúchelos y aprenda.

de *La fuerza de Sheccid*

~·~

Piense mal de los demás y muy pronto ellos pensarán mal de usted; por el contrario, busque las cualidades de otros y ellos verán las suyas propias.

de *La última oportunidad*

~·~

No puede saber si alguna vez necesitará a la persona que está despreciando.

de *La fuerza de Sheccid*

~·~

A veces pensamos y sentimos algo respecto a un ser humano más por lo que nos dicen de él que por lo que personalmente vivimos con él.

de *La última oportunidad*

~·~

Las personas más valiosas son positivas y, aunque el ambiente parezca hostil, se mantienen optimistas, bromeando y con deseos de seguir luchando.

de *La última oportunidad*

LOS DESTRUCTIVOS

Una empresa no está conformada por programas de trabajo o instalaciones, sino por personas. Aunque se tengan los métodos más ex-

traordinarios, jefes intransigentes y empleados conflictivos sólo obten-
drán resultados mediocres.

de *Dirigentes del mundo futuro*

~·~

Los envidiosos, incapaces de aceptar el bien ajeno, siempre acaban
perjudicando al equipo.

de *Dirigentes del mundo futuro*

~·~

*Un monje a punto de ser asesinado solicitó a su verdugo una última
voluntad. "¿Ves la rama de aquel árbol?", le dijo. "Córtala con tu
machete." El asesino obedeció y la rama cargada de flores cayó al
suelo. El monje le pidió entonces: "Ahora pégala para que vuelva a
vivir y dé frutos." El criminal se quedó confundido sin poder cumplir
la última voluntad del monje. Entonces éste se incorporó y le habló
muy fuerte a la cara: "¡Piensas que eres poderoso porque destruyes y
matas, pero eso cualquier necio puede hacerlo; escúchame bien, si
quieres de verdad ser grande, construye y salva...!*

de *La fuerza de Sheccid*

13
Ley del deportista

Los deportes de competencia son como la vida: exigen preparación máxima, disciplina clara y entrega total. Al final, brindan un solo premio de valor: el fortalecimiento del carácter.

de *Sangre de Campeón*

EL DEPORTE FORJA EL CARÁCTER
Citas tomadas de *Sangre de Campeón*

El deporte nos enseña a ser perseverantes y a actuar con eficiencia bajo presión.

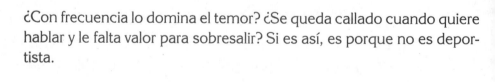

~·~

En momentos difíciles algunas personas se esconden, lloran, fuman o toman tranquilizantes; otras levantan la cara y enfrentan los desafíos. ¡Ésas son las triunfadoras!

~·~

Aunque no gane medallas de oro, el deporte le ayudará a convertirse en triunfador.

~·~

El deporte es un hábito que puede darnos fortaleza física y mental para toda la vida.

~·~

Muchos de los grandes líderes, de las personas más ricas del mundo, de las más emprendedoras e importantes en la sociedad, llegaron alto porque practicaron algún deporte de competencia en su juventud.

~·~

¿Con frecuencia lo domina el temor? ¿Se queda callado cuando quiere hablar y le falta valor para sobresalir? Si es así, es porque no es deportista.

Practicar un deporte de competencia no es jugar un partidito de fútbol de vez en cuando, andar en bicicleta con los amigos o nadar cuando está de vacaciones.

~·~

El deporte formal exige disciplina de alimentación, de sueño y de entrenamiento diario. Se compite en él todos los fines de semana, se coleccionan trofeos y derrotas, se apuesta la vida por mejorar cada día.

~·~

Inscríbase en todas las competencias, concursos o presentaciones públicas. Son retos formativos que forjarán su carácter.

~·~

No participe en las actividades deportivas sólo para ganar medallas; hágalo para ser una mejor persona.

NO SE QUEDE POSTRADO
Citas tonadas del libro *Sangre de Campeón*

¿Se halla frente a un reto deportivo? Elimine de su vocabulario la frase "no puedo". Cuando esté a punto de decirla, cámbiela por "volveré a intentarlo" o "tengo que lograrlo".

~·~

Cuando caiga, póngase de pie inmediatamente. Si permanece postrado durante mucho tiempo, se le debilitará el carácter.

Deje salir al león que hay en su interior y demuestre su bravura. Sea valiente. ¡Nunca, nunca se quede tirado!

14

Ley del éxito equilibrado

Nuestra vida tiene varias dimensiones, y seremos realmente exitosos sólo si triunfamos de forma equilibrada en todas ellas.

ÉXITO DESEQUILIBRADO
Citas tomadas de *Contraveneno*

El éxito total es una suma de las victorias parciales en cada una de las dimensiones del ser humano.

~·~

Triunfar sólo en una dimensión y fracasar en todas las demás deforma la vida y menoscaba el éxito global.

~·~

Quien logra dinero y poder, pero pierde a su familia o su salud, ha fracasado en realidad. Lo mismo ocurre con quien conforma un hogar bello, pero falla en la vida productiva.

~·~

El éxito real proviene del equilibrio: no por alcanzar logros impresionantes en una dimensión sino por frutos moderados en todas ellas.

LAS TRES DIMENSIONES DEL SER HUMANO
Citas tomadas de *Contraveneno*

Imagine que su vida tiene tres partes, igual que un árbol:

A. Las ramas, hojas y frutos que forman la parte frondosa, se llaman **dimensión pública.**

B. El tronco, que sostiene el peso de las ramas, se denomina **dimensión de soporte.**

C. Las raíces, que nutren y dan vida a todo el árbol, reciben el nombre de **dimensión secreta.**

DIMENSIÓN		ÁREA
PÚBLICA		Profesional Económico Social
DE SOPORTE		Salud física Preparación mental
SECRETA		Familiar Afectiva Espiritual

En cada dimensión hay áreas que atender:

DIMENSIÓN PÚBLICA

- ÁREA PROFESIONAL Y ECONÓMICA: Situación fiscal o legal, ingresos, ahorros, estabilidad financiera, pertenencias, documentos y trabajo.

- ÁREA SOCIAL: Clubes, círculos de reunión, amigos y enemigos potenciales.

DIMENSIÓN DE SOPORTE

- ÁREA DE SALUD FÍSICA: Hábitos de ejercicios, alimenticios, sexuales y de descanso; vicios adquiridos; enfermedades o dolencias crónicas.

- Área de preparación mental: Hábitos de lectura y estudio; clases o seminarios que se toman o imparten; trabajo creativo y artístico.

DIMENSIÓN SECRETA

- Área familiar, afectiva: Relaciones con la pareja, hijos, padres y hermanos.

- Área espiritual: Relación personal con Dios. Grupos de estudio espiritual.

METAS EQUILIBRADAS
Cita tomadas de *Contraveneno*

Ponga mucho cuidado en trazar sus metas en cada área y procure identificar cuál es su dimensión más débil, a fin de trabajar por prioridades para lograr un equilibrio en *todas* las áreas.

LEYES DE AMOR DE PAREJA

Fruta prohibida
Amor no correspondido
Libertad para elegir pareja
Intimidad conyugal
Amor construido con servicio

15

Ley de la fruta prohibida

Las aventuras prohibidas encienden el deseo de modo explosivo. Lo verdaderamente tentador no es el sexo en sí, sino el sexo *fuera del matrimonio*.

de *Juventud en éxtasis*

LAS BARRERAS ROTAS
Citas tomadas de *Contraveneno*

Todos los hombres tienen secretarias, colegas mujeres y compañeras, y a veces el continuo roce va dando cabida a una atracción creciente.

~·~

Abrirle el corazón, siendo casado, a un amigo del sexo opuesto es una falta de prudencia imperdonable.

~·~

Platicar temas íntimos o tener contacto físico continuo con una persona del sexo opuesto desencadena fácilmente otros hechos.

~·~

Quienes han tenido una vida sexual activa pueden propiciar encuentros sexuales clandestinos con mucha facilidad. Los roces físicos inocentes entre adultos están muy cerca de los encuentros eróticos.

EL ÓRGANO SEXUAL MÁS PODEROSO
Citas tomadas de *Juventud en éxtasis*

Las aventuras sexuales no suelen ser repentinas. Cuando ocurren es porque los implicados ya han fantaseado con ellas; el órgano sexual más poderoso es la mente.

~·~

No se tiene que consumar la relación sexual ilícita para que se desencadene un desequilibrio, basta imaginarla con intensidad y suponer lo extraordinario que sería.

El cerebro es capaz de crear escenarios y representar cuadros muy excitantes. Así, las fantasías toman la forma de deseos amorosos y éstos, tarde o temprano, se materializan.

LA TENTACIÓN DE LO CLANDESTINO
Citas tomadas de *Juventud en éxtasis*

Las personas pierden la cabeza no por el placer del sexo, sino por la emoción de lo clandestino.

~·~

Cuando el cónyuge infiel se queda a solas con su nueva pareja y la relación entre ellos deja de ser prohibida, el encanto se va, la emoción se esfuma y la pasión se desvanece.

~·~

Un soltero que tiene relaciones sexuales con varias parejas será más propenso a la infidelidad cuando se case, porque la emoción de lo prohibido es idéntica antes y después del matrimonio.

LA INFIDELIDAD ES IMPOSIBLE DE OCULTAR
Citas tomadas de *Juventud en éxtasis*

El infiel no puede acostumbrarse al remordimiento, a la distracción ni al desequilibrio funcional que produce la relación ilícita.

~·~

Cuando se está atrapado en un adulterio se viven fuertes tensiones: baja la eficiencia en el trabajo, la lucidez y la concentración. Ese desequilibrio desenmascara el engaño.

Nada enciende tanto el morbo de la gente que descubrir un adulterio. Los observadores buscan siempre la más mínima señal de desliz conyugal dispuestos a hacer correr la noticia.

~·~

Uno puede engañarse a sí mismo diciendo que es capaz de amar a dos personas a la vez, pero la infidelidad tarde o temprano produce amargura en todos los implicados.

~·~

La infidelidad es, en realidad, una evasión, pues resulta más fácil buscar intimidad con otra persona que enfrentar cara a cara los problemas de una vida marital deteriorada.

~·~

La infidelidad es traición en grado superlativo; ante ella, las promesas de confianza y honradez de un matrimonio quedan pisoteadas.

CÓMO VENCER LA TENTACIÓN
Citas tomadas de *Juventud en éxtasis*

Es natural reaccionar ante los estímulos y tener ideas eróticas furtivas; lo malo no es tenerlas sino abrirles la puerta del pensamiento central, invitarlas a pasar y charlar con ellas durante largos periodos.

~·~

Cuando les sobrevienen fantasías sexuales, las personas de más valía reflexionan sobre las posibles consecuencias negativas y valoran todo lo que pueden perder si dejan crecer la hierba mala en sus prados.

El mayor éxito de la tentación es su ataque sorpresivo.

OCULTE LA INFIDELIDAD PASADA
Citas tomadas de *Contraveneno*

Al principio de una relación es forzoso descubrir todo lo ocurrido en el ayer, pero cuando la relación ha crecido, es preferible no revelar asuntos del pasado que puedan herir al ser amado.

~·~

Las declaraciones a destiempo deben evitarse. Existen matrimonios fracturados porque uno comentó al otro antiguas aventuras sexuales. La verdad es importante, pero hay verdades innecesarias que no deben decirse.

~·~

El adulterio es una verdad venenosa. Un sujeto infiel se perjudica sobre todo a sí mismo, resquebraja su moral, degrada su integridad... tiene un problema absolutamente *personal*.

~·~

El adúltero necesita reestablecerse de su caída. ¿Cómo? Mediante el arrepentimiento genuino, la confesión y la reconciliación espiritual, pero *nunca* desahogándose con su cónyuge. Si tuvo la suerte de no ser descubierto, está obligado a llevarse el secreto hasta la tumba.

AMOR DE PAREJA

16

Ley del amor no correspondido

Puedes hacer una lista de todas las cualidades importantes que debería tener el compañero de tu vida, pero hay un requisito imprescindible sin el cual los demás carecen de valor: que te ame.

de *Juventud en éxtasis 2*

ESPEJISMO MORTAL

El agua está formada por dos elementos. El amor también. Aunque aportes mucho hidrógeno, si el otro no brinda su oxígeno, jamás se producirá la reacción necesaria y, si te empeñas en ver líquido donde sólo existe gas, estarás flotando en sueños imaginarios.

de La fuerza de Sheccid

~·~

¿De qué te serviría hallar al hombre más galán si no le interesas? ¿Para qué quieres junto a ti a la mujer más hermosa si sólo quiere manipularte?

de Juventud en éxtasis 2

~·~

El amor no correspondido es un espejismo mortal que terminará destruyéndote si te aferras a él.

de Juventud en éxtasis 2

SÍNDROME DE ESTOCOLMO
Texto y citas tomadas de *La fuerza de Sheccid*

Hace años, en Suecia, durante el robo de un banco, los ladrones tardaron demasiado en escapar y la policía rodeó el edificio deján-dolos atrapados. Los asaltantes tuvieron como rehenes a clientes y empleados bancarios durante seis días y cinco noches. Cuando fi-nalmente la autoridad logró aprehender a los bandidos, hallaron a una joven cajera que los defendía. La chica, durante el tiempo que estuvo encerrada, mitigó su sensación de desamparo con una de-

pendencia infantil y se enamoró de uno de los ladrones. Esto se tipificó como un fenómeno psicológico llamado "Síndrome de Estocolmo".

~·~

Una persona despreciada por alguien del sexo opuesto puede reaccionar justificándolo. Esto es lo que le ocurre a muchas mujeres golpeadas: absurdamente quieren y defienden a su verdugo.

~·~

Hay jóvenes no correspondidos en su amor que cuanto más son lastimados y despreciados, más se enamoran de la persona que los daña.

SÍNDROME DE "PEOR ES NADA"
Citas tomadas de *Juventud en éxtasis 2*

Muchos jóvenes por temor a la soledad no quieren acabar con sus noviazgos deteriorados. Tienen pareja, pero están siempre disponibles en busca de otra mejor.

~·~

Algunos novios, atrapados en la rutina, deciden casarse pensando que es peor estar solo que mal acompañado y, como no tienen una mejor opción, se "malacompañan" para siempre.

~·~

Uno de los rasgos de madurez más claros de un joven es terminar las relaciones amorosas destructivas por el simple hecho de ser destructivas y no porque haya otro romance en puerta.

El joven que no encuentra a su pareja debe evitar arrojarse en brazos de cualquiera. La soledad produce crecimiento interior y, tarde o temprano, esto atrae a los mejores pretendientes.

17

Ley de la libertad
para elegir pareja

Dios nos ha dado libertad. Somos libres para casarnos, engendrar hijos o divorciarnos; cada decisión tomada libremente implica una renuncia al pasado y un compromiso hacia el futuro.

EL SUEÑO DE DIOS PARA EL MATRIMONIO
Texto tomado de *La última oportunidad*

¿En qué pensabas, Dios mío, cuando hiciste aparecer en mi vida a esa mujer y propiciaste nuestro matrimonio si sabías que no éramos compatibles?

¿En qué pensabas, Padre, cuando hincados los dos frente a tu altar nos bendijiste A pesar de que conocías las enormes dificultades que nos esperaban?

¿En qué pensabas cuando ocultaste nuestros defectos y permitiste que nos diéramos cuenta de ellos demasiado tarde?

No creo en el azar. Hay demasiada perfección en la naturaleza, en el reino vegetal y animal, en el mundo microscópico, en el universo entero para suponer que todo es obra de la casualidad; no creo en ella, no creo en destinos nefastos ni en la mala suerte. Creo en ti, Señor. Creo que de alguna forma tú piensas las cosas antes de que ocurran y nosotros formamos parte de tus sueños.

Dime, por favor, ¿cuál era tu sueño cuando permitiste en nuestro hogar esas crisis económicas que nos llevaron a discutir sobre dinero y mando?

¿En qué pensabas, Señor, cuando nos diste este hijo tan especial, a quien Shaden y yo amamos por separado con toda el alma, pero a quien nos cuesta tanto trabajo amar unidos?

¿Cuál era tu sueño, Padre, al dejar que mi esposa y yo nos alejáramos y nos perdiéramos la confianza?

No soy un hombre malo; soy simplemente un ser humano que ha perdido el control de su vida. Con tal de no estar en mi casa, solía alargar las horas de trabajo o irme con los amigos; y cuando llegaba a mi hogar me la pasaba gritando y regañando, pero hacer eso me produjo un enorme vacío, una gran infelicidad al darme cuenta que si no tenía una familia para la cual trabajar, mi trabajo perdía totalmente su sentido.

Señor, dame una luz. ¿En qué pensabas cuando permitiste que este caos se apoderara de mi hogar? ¿En qué pensabas, Señor...? ¿Cuál era tu sueño?

Apenas recosté la cabeza, sentí que mi alma penetraba en un abismo enorme y me estremecí al escuchar en mi interior una profunda y penetrante voz:

¿No te das cuenta que mi sueño ha sido siempre tu dicha? ¿Que un hogar lleno de alegría es lo que pensaba para ti? La mujer que te di por compañera es con la que mejor aprenderías las lecciones importantes de la vida. Con ella, y sólo con ella, ibas a poder engendrar el hijo que tienes. Yo había trazado grandes planes para él. ¡Despierta, por favor! Una familia fuerte se constituye con sacrifico y trabajo, pero no has querido pagar el precio, no has estado dispuesto a esforzarte más. Todo lo has deseado muy fácil y con tu egoísmo lo estás echando a perder. Pretendes la felicidad en bandeja de plata, pero sólo se es feliz cuando se contempla el fruto del esfuerzo propio. Tú eres mi sueño. He pensado en ti siempre que te ofrezco una disyuntiva en el camino; quiero lo mejor para ti, para tu esposa, para tu hijo. Pero no voy a quitarte la libertad de decidir, no eres un robot. ¡Eres libre! ¡Reacciona ahora! ¡Estás a tiempo! ¡Aún puedes convertir a tu familia en aquello que yo pensé; aún puedes hacer realidad mi sueño...!

18

Ley de intimidad conyugal

El placer físico en el matrimonio es proporcional al tiempo y cuidado que la pareja se brinda en la intimidad. Lo más importante del acto sexual es lo que ocurre antes y después de él.

de *La última oportunidad*

ALIMENTO VITAL

Citas tomadas de *La última oportunidad*

El sexo es alimento para los casados y nutre la relación. Cuando escasea, la pareja enferma.

~·~

Con el sexo conyugal ocurre lo que con casi todos los alimentos: son mejores si se preparan con limpieza, se sirven con buena presentación y se saborean en la sobremesa.

~·~

El deseo sexual en el matrimonio se va apagando en la medida en que se apaga el gusto por preparar el encuentro.

~·~

Con los años, el alimento sexual suele volverse insípido, pues los "cocineros" caen en la rutina y pierden interés.

~·~

Las relaciones sexuales entre los esposos duran, en promedio, diez minutos. ¿Qué tipo de alimento podemos ingerir en diez minutos? ¡Comida chatarra, ingredientes sintéticos!

~·~

Un hombre se siente atraído por su esposa cuando la ve vestida sensualmente pero con naturalidad, cuando la encuentra entusiasmada, desenvuelta, realizada y de buen humor.

Una mujer desea a su esposo si durante las últimas horas la ha tratado con respeto, la ha escuchado con paciencia, le ha demostrado interés, comprensión y amor.

CUESTIÓN DE TIEMPO
Citas tomadas de *La última oportunidad*

La luna de miel no tiene por qué ser sinónimo de dolor, como si se tratara de una cruel novatada. El verdadero caballero prepara a su esposa y la hace desearlo, aunque el acto no se consume sino varias noches después.

~·~

Siempre será más cómodo para un varón alcanzar el placer rápidamente, sin preámbulo, usando el cuerpo de su esposa como un objeto estimulante, pero tarde o temprano esa conducta se convertirá en una disfunción sexual.

~·~

Si sólo se persigue el placer egoísta, habrá sexo pero no amor.

~·~

En la relación sexual, el clímax puede alcanzarse o no; lo más valioso es el deleite de estar juntos.

~·~

Existen terapias y terapeutas. Una disfunción sexual se soluciona cuando se atiende en pareja porque uno sólo no puede arreglar el conflicto de dos.

EQUILIBRIO EN EL ENCUENTRO SEXUAL
Citas tomadas de *Juventud en éxtasis*

Tan malo es actuar egoístamente, sin tomar en cuenta los sentimientos del otro, como concentrarse únicamente en que el compañero disfrute. El verdadero placer sexual se da en el punto medio.

No deben preocuparse por los resultados, ocúpense sólo de su entrega total, sin inhibiciones ni técnicas. Busquen también *su propio* placer y con ello, curiosamente, estarán proporcionando a su pareja el mayor deleite.

~·~

Dejen que sus cuerpos se fundan en uno sin que estorben prejuicios, formulismos o maniobras y verán cómo ellos sabrán lo que tienen que hacer.

19

Ley del amor construido con servicio

El verdadero amor dista mucho del romanticismo o del erotismo puro; en realidad, se construye con el servicio y con el cuidado que se profesan dos personas realmente comprometidas.

de *Juventud en éxtasis 2*

ROMANTICISMO O TRABAJO
Citas tomadas de *La última oportunidad*

El amor verdadero se origina pensando positivamente del cónyuge y luchando a diario por agradarle.

~·~

Los divorciados culpan de su fracaso a la incompatibilidad de caracteres o a la mala elección inicial, pero suelen ser simples excusas de quienes no supieron poner orden en su vida y construir el amor con hechos.

~·~

La "media naranja" o "el alma gemela" no existen. Sólo existe la persona con la que hicimos un pacto de amor, y ese pacto se cumple con esfuerzo y trabajo, no con suspiros.

~·~

Basar un matrimonio en el romanticismo pueril e idealista es una falta de madurez. No se trata de quién está conviviendo con quién, sino de cómo lo están haciendo.

~·~

En un matrimonio no basta con ser romántico, debemos movernos: ayudar al cónyuge en sus tareas, cuidarlo durante sus enfermedades, apoyarlo y abrazarlo en silencio cuando hay problemas.

No debes divorciarte sin antes darle a tu matrimonio la última oportunidad, pero no como se da una simple advertencia, sino como una promesa de sacrificio total y trabajo incondicional para salvarlo.

AMOR CIEGO

El amor ciego es pueril, es un espejismo. De novios los sentimientos son intensos y las emociones excitantes; de casados el corazón late tranquilo y el entendimiento mira la realidad.

de Un grito desesperado

~·~

Esperar demasiado del cónyuge produce un ambiente de tensión. Las expectativas utópicas destruyen cualquier matrimonio.

de La última oportunidad

PAGUE EL PRECIO EN EL MATRIMONIO

El amor conyugal no se da por sí solo. Se siembra con ilusión, se cuida con sacrificio, se ve crecer a un precio muy alto, pero la recompensa es el privilegio máximo al que puede aspirar un ser humano.

de Un grito desesperado

~·~

Invadidos de pereza, no pagamos el precio de mantener encendida la llama del amor y ésta se extingue. Si quiere recuperar su matrimonio, deje de ser soberbio y avive el fuego.

de La última oportunidad

Es falso que entre dos personas se pierda el amor; lo que se pierde son las buenas actitudes.

de La última oportunidad

~·~

Luche por su pareja antes que por nadie más. Protegerla, respetarla y amarla, a pesar de cualquier defecto, es una fuerza motriz que salva del abismo a los hogares más conflictivos.

de La última oportunidad

EXALTE A SU PAREJA
Citas tomadas de *Un grito desesperado*

Nunca hable mal de su cónyuge. Usted lo eligió, le prometió públicamente amarlo, es parte suya; al denigrarlo se denigra usted mismo.

~·~

Si le desagradan los defectos de su cónyuge, ayúdelo en privado, pero nunca lo deje mal ante otros.

~·~

De una esposa que siempre se queja, todos piensan: "Pobre tonta, tiene lo que se merece."

LEYES DE EDUCACIÓN DE LOS HIJOS

Confrontaciones infantiles
Reglas para evitar la perdición
Etapas de transición
Niños pobres
Padres divorciados

20
Ley de las confrontaciones infantiles

Gran parte de la mediocridad en los niños surge por sus enfados explosivos y su falta de control. Los berrinches son innatos, el autodominio se aprende.

de Dirigentes del mundo futuro

LOS BERRINCHES CREAN PROBLEMAS
DE APRENDIZAJE
Citas tomadas de *Dirigentes del mundo futuro*

La obstinación agresiva (rabietas o berrinches) bloquea toda posibilidad de aprendizaje.

~·~

Un niño consentido no puede recibir enseñanzas sobresalientes.

GUERRA DE PODERES
Citas tomadas de *Dirigentes del mundo futuro*

Hay mamás que balbucean frases melindrosas e ininteligibles para darle de comer en la boca a un niño de cuatro años que todavía usa pañal.

~·~

Hay niños sanos, de tres años, que dan alaridos de dolor por simples raspones y se refugian con verdadero pavor teatral detrás de las faldas de su madre.

~·~

El llanto es innato. Cuando un bebé llora, debemos atender sus demandas, pero en cuanto aprenda a hablar, le enseñaremos a negociar con palabras.

~·~

También hay adultos que hacen rabietas, protagonizan absurdas escenas explosivas y terminan lloriqueando como niños malcriados.

~·~

El autodominio lo enseñan los padres y se queda para toda la vida.

CÍRCULO VICIOSO DE LOS BERRINCHES

Citas tomadas de *Dirigentes del mundo futuro*

Las escenas de confrontación son parte de un círculo vicioso. Simplemente hay que romperlo:

Primero, el pequeño siente que no se le escucha.

Segundo, hace una rabieta.

Tercero, el padre asume una de dos actitudes nocivas: se doblega y cede a las exigencias del niño, o lo maltrata.

Cuarto, la autoestima del chico se daña; si se salió con la suya se infla de soberbia y, si fue maltratado, se siente disminuido debido a la inseguridad.

Vuelta al origen: el pequeño piensa que no lo toman en cuenta y comienza otra escena.

COMO ACTUAR FRENTE A UN BERRINCHE

Citas tomadas de *Dirigentes del mundo futuro*

El círculo debe romperse desde el inicio: escuche al niño, respete sus opiniones, interactúe con él, conteste sus preguntas en todo momento.

~·~

Si el niño se obstina y pierde el control, véalo a la cara, pregúntele el motivo de su llanto y dígale que debe dejar de llorar y hablar con claridad; por ningún motivo ceda a sus alaridos.

Aunque sepa lo que el niño quiere, simule que no entiende y ofrézcale sólo una solución: "contrólate y conversaremos con calma".

~·~

Si el berrinche continúa, muéstrese ofendido. Diga: "Lo siento, pequeño, a mí no puedes tratarme así, ¿no quieres conversar como una persona civilizada?, entonces yo tampoco tengo por qué escucharte".

~·~

Si el niño porfía en su berrinche, recházelo abiertamente, sáquelo de la habitación y muestre indiferencia. Ignórelo y concédale tiempo y espacio para que logre controlarse.

~·~

En cuanto el niño intente entablar comunicación, escúchelo con amor, abrácelo, motívelo a seguir hablando y prémiele por haberse controlado.

~·~

La conducta de un padre ante un berrinche en público debe ser idéntica que en privado.

21
Ley de las reglas para evitar la perdición

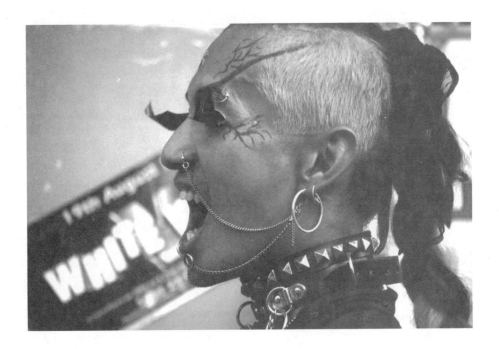

Los hijos guiados con normas de respeto, unión, prosperidad y autonomía, se convertirán en personas sensatas y difícilmente caerán en perdición.

de Un grito desesperado

EDUCAR A LOS HIJOS

Un buen padre es primero maestro y un maestro verdadero es aquel que se hace gradualmente innecesario.

de Dirigentes del mundo futuro

~·~

Educar a los hijos es entender sus razones y guiarlos con mano fuerte pero amistosa.

de Un grito desesperado

~·~

En casa, el progreso y los buenos hábitos van unidos al amor.

de Un grito desesperado

NIÑOS OBEDIENTES
Citas tomadas de *Dirigentes del mundo futuro*

La obediencia no es un valor por sí mismo; todo depende de a quién se obedece y por qué.

~·~

Los niños más obedientes fuman, toman alcohol e incluso drogas; están indefensos ante los abusadores sexuales, porque no saben contradecir a nadie.

~·~

Al niño hay que enseñarle a respetar un código de conducta, a seguir un mapa de valores, a analizar los pros y contras de cada acción y a tomar decisiones de manera juiciosa.

Debe lograr que su hijo confíe en usted como guía, y obedezca el código de carácter que establezca.

RESPETO

Citas tomadas de *Un grito desesperado*

Para salvaguardar la integridad de la familia, la línea del respeto debe estar claramente delimitada por reglas que prohíban burlas y frases hirientes.

~·~

El respeto es una línea imaginaria que marca los límites de trato y propicia un área de convivencia en la que la dignidad de las personas se mantiene intacta.

UNIÓN

Citas tomadas de *Un grito desesperado*

La unión familiar es producto de hábitos de convivencia; permite la ayuda mutua de verdaderos compañeros.

~·~

Compartir juntos, tanto los grandes momentos como los pequeños, es estar ahí siempre que algún miembro de la familia necesite apoyo.

~·~

La familia es como un equipo. Si no hay mutuo interés por los demás y ayuda espontánea para resolver juntos los problemas individuales, la familia no tiene sentido de existir.

EDUCACIÓN DE LOS HIJOS

PROSPERIDAD

Citas tomadas de *Un grito desesperado*

No importa cuánto se quejen los hijos, deberán aprender a ser responsables, perseverantes y diligentes. La ociosidad es una falta que lacera cualquier virtud.

~·~

Una persona íntegra, nunca evade sus responsabilidades. Los buenos hábitos de trabajo en la familia trazan la ruta al éxito.

~·~

La prosperidad marca reglas sobre cortesía, honestidad, uso de alcohol o cigarro, horarios de trabajo, diversiones y entrenamientos deportivos.

AUTONOMÍA

Citas tomadas de *Un grito desesperado*
(Ver también «Ley de independencia formativa», en *Leyes eternas 1*)

Autonomía significa libertad de pensamiento, dentro de los límites de respeto, unión y prosperidad.

~·~

Los hijos tienen derecho a ser ellos mismos, a tener sus gustos, anhelos y preferencias. Los padres no deben forzarlos a convertirse en algo que ellos no desean ser.

~·~

Cuando hay autonomía los hijos jamás piensan en huir de casa, ya que en ella se sienten libres, amados y aceptados.

22

Ley de las etapas de transición

Cada meta en la vida requiere un cuidadoso periodo de ensayos guiados y un salto final llamado transición. Después de ese salto, la persona logra mayor nivel de crecimiento y puede independizarse de su maestro.

de Dirigentes del mundo futuro

SALTAR TOMADO DE LA MANO DE PAPÁ

Citas tomadas de *Dirigentes del mundo futuro*

La vida de una persona tiene diversas etapas; la superación personal consiste en vivir intensamente cada etapa, prepararse para la siguiente y saltar...

~·~

Los padres deben ayudar a sus hijos a dar saltos que les permitan crecer.

~·~

Consentir o mimar a nuestros hijos es necesario en etapas iniciales, pero resulta pernicioso si impide la transición hacia etapas de independencia.

~·~

Es dañino consentir a un hijo cuando, por miedo, no le permitimos dar el salto hacia una conducta autónoma.

¿DORMIR EN LA CAMA DE LOS PAPAS?

Texto tomado de *Dirigentes del mundo futuro*

Caso práctico:

Juanito, de cuatro años, le tiene miedo a la oscuridad. Todas las noches se levanta y se mete a la cama de sus padres. Ellos desean ayudarlo a crecer, así que no lo regañan ni lo intimidan, por el contrario, lo abrazan y lo aceptan cariñosamente en la cama, pero comienzan a prepararlo para que supere esa conducta: le plantean el reto de dormir solo, lo motivan, lo hacen comprender que muy pronto tendrá que lograr la meta. Cuando al fin consigue despertar en su propia habita-

ción, le aplauden y festejan. Pueden existir algunas recaídas, pero cada noche los padres se muestran más y más exigentes. Fueron consentidores antes de la transición, pero firmes después de ella.

BUEN PADRE Y MAL PADRE
Cita tomadas de *Dirigentes del mundo futuro*

Un buen padre prepara a su hijo con paciencia y amor antes de cada salto y está presente en los momentos de transición; después, se hace a un lado para dejar a su hijo caminar solo.

~·~

Un mal padre, no prepara al niño y adopta alguna de estas actitudes incorrectas: lo presiona con gritos y malos tratos hasta convertirlo en un ser tímido y poco sociable, o hace todo por él y lo vuelve inútil y arrogante.

~·~

Un papá que, por pereza, no enseña a su hijo a conducir un auto y le pide que lo haga solo, puede provocar un accidente fatal. Por otro lado, llevarlo en coche siempre, para que no corra riesgos, puede convertirlo en un inepto.

SEA BUEN MAESTRO PARA SUS HIJOS
Citas tomadas de *Dirigentes del mundo futuro*

Quien está presente en las etapas de transición del niño, se convierte en su maestro de vida.

EDUCACIÓN DE LOS HIJOS

Permanezca cerca de sus hijos pero déjelos aprender y experimentar sin darles instrucciones exageradas; enséñelos a defenderse solos, ayúdelos a tomar decisiones y déjelos sufrir las consecuencias de sus equivocaciones.

~·~

Disimule cuando sus hijos se hieran ligeramente y estimúlelos para que se levanten una y otra vez.

~·~

¡Los padres somos responsables de sembrar en los niños la semilla del éxito y no hay triunfo posible con dependencia y sobreprotección!

~·~

Ponga mucho cuidado en cada etapa de la vida de sus hijos, pues estancarse en una de ellas es dejar de crecer, pero brincársela es dejar de vivir.

23

Ley de los niños pobres

La riqueza no es una condición material, es un estado del alma producto de la educación del carácter.

de *Dirigentes del mundo futuro*

¿SUS HIJOS SON POBRES?

Citas tomadas de Dirigentes del mundo futuro

En el mundo hay niños pobres y ricos.

Los niños pobres tienen un carácter sin educación: son perezosos, no se esfuerzan, no respetan horarios, detestan el estudio y exigen diversiones día y noche.

Los niños pobres se sienten merecedores de todo, son exigentes y groseros, siempre obtienen lo que desean a base de llorar o fingirse enfadados; sus padres, aprensivos, los miman en exceso y les dan de inmediato cuanto piden. Así es como se vuelven pobres.

Los niños pobres nunca llegan a conocer el valor de las cosas, poseen muchos juguetes con los que no juegan, se hacen descuidados y destructores, no saben ahorrar y nada les causa ilusión.

Los niños pobres simulan ser más ricos que los demás, presumen sus posesiones, tratan con displicencia a los menos favorecidos y actúan con ínfulas de grandeza.

¿SUS HIJOS SON RICOS?

Citas tomadas de Dirigentes del mundo futuro

Los niños ricos tienen un carácter forjado en el esfuerzo, saben que la vida implica un proceso de sembrar y cosechar, que la inspiración sólo llega con la perseverancia, que no basta estirar la mano y graznar "dame, dame" para obtener algo, que todo tiene un precio y la única forma de pagarlo es trabajando.

Los niños ricos son tenaces, tienen un carácter de lucha, les gusta caminar, ejercitarse, sudar; disfrutan la sensación del esfuerzo en su cuerpo y en su espíritu.

Los niños ricos poseen pocos juguetes, pero aprecian los que tienen, los cuidan, los organizan, son creativos con ellos, les sacan el máximo provecho. Esperan las fechas importantes para solicitar el regalo que tanto anhelan, pero se conforman si no lo reciben y siguen siendo felices.

Los niños ricos también ahorran dinero para poder comprar algo que les ilusiona. Jamás practican la ostentación de clases sociales. Son sencillos y nobles.

LA RIQUEZA SE HEREDA

Citas tomadas de *Dirigentes del mundo futuro*

Se ha dicho mucho sobre los métodos para hacerse millonario y los padres se obsesionan por heredar dinero a sus hijos, pero ha llegado el momento de establecer una verdad concluyente: sólo educando el carácter de los niños podremos proporcionarles riqueza real.

EDUCACIÓN DE LOS HIJOS

24

Ley de los padres divorciados

Los divorciados pueden y deben ser excelentes padres, pues están obligados a compensar el terrible inconveniente que producen a los niños con su separación.

de Contraveneo

SIEMPRE SUFREN DAÑOS
Citas tomadas de *Contraveneno*

Aunque los hijos presencien o provoquen algunas discusiones, ellos no son los causantes de un divorcio, siempre son las víctimas.

~·~

La tragedia paralela más grave del divorcio es la dimisión paterna.

~·~

La mayoría de los padres divorciados externos salen con sus hijos *sólo* durante el primer año y los van abandonando hasta que dejan de hablarles e incluso de proveerles apoyo económico.

COMO DECÍRSELO A LOS NIÑOS
Citas tomadas de *Contraveneno*

Si ustedes van a divorciarse diseñen un nuevo plan de vida para sus hijos y plantéenselo, eso les ayudará a no sentir incertidumbre respecto a su futuro.

~·~

Ante la inminencia de un divorcio muéstrense tranquilos frente a los niños y háganles sentir que cuanto están haciendo es lo mejor para todos.

~·~

Tengan cuidado. Los niños no deben verse inmiscuidos en los conflictos de amor y lealtad entre ambos padres.

SOCIOS PERMANENTES EN LA
EDUCACIÓN DE LOS HIJOS
Citas tomadas de *Contraveneno*

Después de un divorcio, todos comienzan una nueva etapa. Los adultos ya no deberán verse como pareja, sino como "socios permanentes" de un nuevo negocio en el que el capital son los hijos.

~·~

El matrimonio fue en el ayer y el ayer está muerto. El cuidado de los niños está vivo porque es un asunto del presente.

~·~

Ambos deberán permitirse convivir con los niños sin celos ni envidias y fungirán como padres "completos", dándoles normas, responsabilidades y enseñanzas; no sólo regalos o premios.

UN NUEVO CONVENIO
Citas tomadas de *Contraveneno*

Pónganse de acuerdo para seguir educando a sus hijos de forma coordinada; con el divorcio se termina su matrimonio, pero nunca su paternidad.

~·~

Deben diseñar un nuevo pacto en la forma de educarlos y sacarlos adelante: hablen con ellos, explíquenles el futuro y las nuevas reglas.

CÓDIGO PARA LOS NIÑOS DE PADRES DIVORCIADOS
Citas tomadas de *Contraveneno*

Por este medio declaro comprender y aceptar que:

- *No soy culpable de la separación de mis padres. El divorcio es un problema de adultos que yo no provoqué y, por ende, tampoco está en mis manos resolverlo.*

- *No abrigaré falsas esperanzas de que mis padres vuelvan a unirse. Respeto sus decisiones aunque no las comprenda o no esté de acuerdo con ellas. Entiendo que el divorcio es permanente.*

- *Mis padres me aman. Han decidido vivir separados para no discutir frente a mí ni crearme tensiones. Dejan de ser esposos, pero siempre seguirán siendo papá y mamá.*

- *Aunque viva con uno de mis padres, no significa que perderé al otro. Al contrario, nuestra relación será más íntima, pues saldremos juntos a solas periódicamente.*

- *Nunca hablaré mal de alguno de mis papás. Jamás me prestaré para decir chismes, insultos o recados entre ellos. Respetaré a mi padre ausente y obligaré a quienes me rodean a hacer lo mismo.*

- *No me avergonzaré de provenir de una familia separada. Comprendo que todas las familias son distintas y no hay nada de malo en que la mía lo sea.*

- *No me sentiré agredido ni obsesionado por los errores que mis papás cometieron en el pasado. Ellos no son perfectos y si me lastimaron sin querer, los perdono.*

- *Viviré la niñez con alegría. No me dejaré abatir por los problemas de los adultos.*

- *No me sentiré culpable por amar a uno de mis padres y manifestarlo en presencia del otro. Tampoco me sentiré desleal por amar a mis nuevos padrastros o hermanastros.*

- *No me convertiré en papá de mis papás. Les daré todo mi apoyo y comprensión, pero no cargaré la responsabilidad de resolver sus conflictos.*

PELIGRO DE INCESTO EN FAMILIAS COMBINADAS
Citas tomadas de *Contraveneno*

Los pequeños corren un peligro latente después del divorcio de sus padres. Todos los días se reportan casos de abuso sexual por padrastros, hermanastros y nuevos parientes.

~·~

Las personas tienen dos vínculos: espiritual y físico. Entre padrastro e hijastra, cuanto más fuerte sea el vínculo espiritual y menor el físico, más difícilmente sobrevendrá un incesto; y por el contrario, cuanto más débil sea su relación espiritual y mayor la corporal, más fácil podrá ocurrir.

FAMILIAS COMBINADAS
Citas tomadas de *Contraveneno*

En las familias combinadas, los miembros carecen de un pasado común, no poseen las mismas rutinas ni la misma forma de hacer las cosas; por ello, deben ser pacientes y estar dispuesto a comenzar desde el principio.

EDUCACIÓN DE LOS HIJOS

En las familias combinadas, los valiosos años en los que no convivieron juntos deben ser compensados por una intensa convivencia posterior.

~.~

Los miembros de una familia combinada deben tratarse como nuevos amigos.

~.~

Para educar a un hijastro, es necesario *no* verlo como un niño rebelde sobre quien se tiene autoridad, sino como otra persona adulta con quien hay que construir una amistad poco a poco.

~.~

Un padre no es quien engendra sino quien educa.

LEYES DE RELACIONES HUMANAS Y FAMILIA

Trascendencia
Amor incondicional
Comprensión de
  emociones ocultas
Hermanos
Amor voluntario

25

Ley de la trascendencia

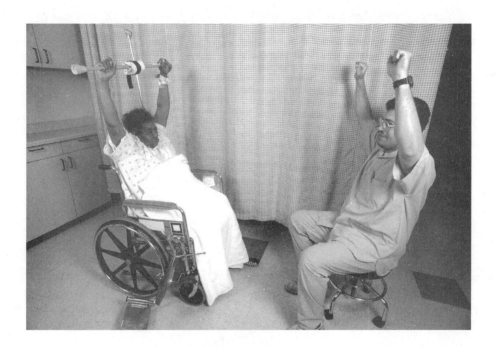

A todos nos corresponde sobresalir en algunas cosas y apoyar a los demás en otras. No intente lucirse siempre y aprenda a brindar apoyo para que alguien más alcance sus propias metas.

de Sangre de campeón

ASCENDER O TRASCENDER

Se asciende verticalmente logrando metas propias. Se trasciende diagonalmente contribuyendo en la vida de otras personas para ayudarlas a subir.

de La fuerza de Sheccid

~·~

Lo más valioso de la vida se encuentra a nuestro alcance: dar consuelo, ánimo, afecto, puede cambiar una vida vacía en una vida bendecida y de bendición.

de La fuerza de Sheccid

~·~

Todo lo que Dios nos da es prestado. Él nos lo proporciona para que lo multipliquemos y lo compartamos.

de La fuerza de Sheccid

~·~

Sólo lograremos hacer de este mundo algo distinto cuando acabemos con el egoísmo, comencemos a servir y respondamos a nuestro llamado intrínseco de amar...

de La fuerza de Sheccid

~·~

Recapacite no en lo malo que ha hecho sino en lo bueno que está dejando de hacer.

de La última oportunidad

VOCACIÓN DE SERVIR

Existen dos tipos de personas importantes en el mundo: las que apoyan y las que sobresalen. Las primeras no siempre logran dinero o fama, pero son las más valiosas.

de Sangre de campeón

~·~

Un verdadero campeón sabe dar las gracias a quienes lo ayudaron a triunfar, pero también apoya a otros para que logren la victoria, sin esperar que le den las gracias.

de Sangre de campeón

~·~

Un ser humano imprescindible sabe que el servicio es oro, que puede pagarse pero no tiene precio.

de La última oportunidad

~·~

Ha experimentado muchos placeres... Ahora, experimente la dicha de servir, y verá qué el mundo comienza a reclamarlo como un ser imprescindible.

de La última oportunidad

SER GENEROSO
Citas tomadas de *La última oportunidad*

Las personas que valen más son generosas, constantemente ayudan a otros y hallan el equilibrio entre dar y tener.

La gente detallista es estimada mientras los mezquinos, egoístas, son aborrecidos.

~·~

Piense en la persona que siempre brinda ayuda; todos están en deuda con ella. Cuando muere, muchos lo resienten porque eran fuente de amor y bondad.

EL PRIVILEGIO DE SERVIR
Citas tomadas de *La última oportunidad*

La verdadera misión del ser humano es servir, desde los estratos más sencillos hasta los más complejos; el servicio engrandece y dignifica a la persona.

~·~

Hacer lo que no se espera que hagamos y descender al nivel más humilde de trabajo si así se requiere, es la actitud más grandiosa y fortalecedora que puede tener un ser humano.

~·~

Los negocios que prosperan son los que brindan un poco más que los demás por el mismo costo. Siempre tienen un servicio adicional para el cliente.

26
Ley del amor incondicional

Nuestros seres queridos deben saber que desaprobamos sus faltas, pero que los amamos, a pesar de ellas.

de *Un grito desesperado*

TRES NIVELES DE AMOR
Citas tomadas de *Un grito desesperado*

El primer tipo de amor se llama "AMOR *SI*": te amo "si eres bueno", "si te portas bien conmigo", "si cumples mis exigencias", "si haces lo que me agrada".

~·~

El segundo tipo de amor se llama "AMOR *PORQUE*": te amo "porque tienes buenos sentimientos", "porque te esfuerzas", "porque has obtenido notas aceptables", "porque eres honrado".

~·~

El tercer tipo de amor se llama "AMOR *A PESAR DE*"*:* te amo "a pesar de que no haces todo lo que yo quisiera", "a pesar de que no eres perfecto".

~·~

El "amor *si*" y el "amor *porque*" llevan condiciones implícitas de las que emana un mensaje muy claro: "no olvides que te amaré en la medida en que me satisfagas y no me causes problemas".

~·~

El amor "a pesar de", significa que rechazamos el mal, pero amamos a quien cometió ese mal.

LOS ERRORES AJENOS

El amor real no se mide en tinos o desatinos. Ayude a sus allegados a superarse sin poner en tela de juicio la intensidad de su amor por ellos.

de *Un grito desesperado*

El pasado no es definitivo. La gente puede cambiar el rumbo de su vida y recuperar el amor perdido.

de La fuerza de Sheccid

~·~

No se sienta agraviado ante las caídas ajenas, pues el único perjudicado por los errores es quien los cometió.

de Un grito desesperado

~·~

La mejor estrategia para que un familiar cambie está basada en la premisa de que, aunque no cambie, lo seguiremos amando.

de La última oportunidad

~·~

Los seres humanos superiores son capaces de decir a sus hijos y a su pareja "te amo, no como premio a tu conducta sino *a pesar* de tu conducta".

de La última oportunidad

AMOR INCONDICIONAL CON LOS HIJOS
Citas tomadas de *Un grito desesperado*

Cuando un niño hace comentarios denigrantes respecto de sí mismo, es muestra de que ha recibido amor condicionado.

~·~

Es común que algunos padres humillen, hieran y retiren la palabra a la hija que, seducida por un corruptor, resultó embarazada antes de casarse. No hay actitud más antinatural y absurda.

Usted debe repudiar los errores, pero cuando se enfade por **algún he**cho reprobable no se enfade con su hijo sino con el "hecho".

~·~

Separe a sus hijos de los errores que cometieron. Usted **puede fingir** enfado pero no debe darle la espalda a una persona amada **sólo por**que se equivocó.

~·~

Detesta que sus hijos se perjudiquen a sí mismos, por **eso le duelen** sus yerros, explíqueles eso con claridad.

27

Ley de la compresión de emociones ocultas

Nuestros seres queridos tienen necesidades ocultas y emociones secretas. Es prudente observarlos con atención para
comprenderlos mejor. Escuche lo que le dicen pero, sobre
todo, escuche lo que no le dicen.

de *Contraveneno*

DECODIFICAR MENSAJES
Citas tomadas de *Contraveneno*

Las personas, por lo regular, no podemos decir claramente lo que sentimos, debemos aprender a decodificar las sutiles señales que otros nos dan.

~·~

Quien dice "¿qué hora es?" o "me duele la espalda", con frecuencia quiere decir "tengo hambre" o "estoy cansado". Lo que alguien sugiere con palabras pocas veces refleja lo que siente.

~·~

Muchas frases necesitan ser decodificadas.

~·~

La comunicación activa es una dinámica: el que escucha, antes de rebatir o dar su punto de vista, deberá explicar lo que el otro le dijo. Si el primer expositor está de acuerdo en la interpretación, se intercambiarán los papeles.

~·~

En la comunicación activa, el moderador debe anotar todo. El proceso tal vez tome un largo tiempo, pero si dos personas se esmeran en hacerlo correctamente, pueden arreglar casi cualquier conflicto.

TESTIMONIO DE COMPRENSIÓN
Texto tomado de *Contraveneno*

De adolescente me rebelaba por la ausencia de mi padre. "Nunca lo vemos", le dije a mamá un día. "Es un personaje ausente que sólo

aporta dinero; me desagrada ser su hija". Entonces, mi madre me tomó de la mano para llevarme en transporte público hasta los hornos de fundición donde papá trabajaba. Vi con asombro la extenuación de aquellos hombres y sentí el infernal calor del ambiente. Cuando reconocí a mi padre, sentí deseos de llorar: estaba bañado en sudor, ennegrecido por el hollín, coordinando a otros hombres para mover crisoles de metal líquido, arriesgando su vida. Lo contemplé trabajar por un largo rato, luego regresé a la casa con mi madre y nunca más volví a protestar por la ausencia de papá.

COMPRENDE A QUIEN DESEE LLORAR

Un buen padre, aunque nunca tolera rabietas tontas, está atento para dar consuelo y estimular el desahogo de sus hijos cuando ellos lo necesitan.

~·~

Las lágrimas no siempre deben ser reprimidas; los seres humanos necesitamos llorar y sentir el amparo de otras personas en medio de nuestros peores trances.

EL MISMO JESUCRISTO...
Texto tomado de *Contraveneno*

Jesús pidió apoyo a sus discípulos una vez: Después de haber resucitado muertos, sanado enfermos, multiplicado panes y peces, y declararse Hijo único de Dios hecho hombre, en Getsemaní, la noche en que iba a ser aprehendido, dijo a sus amigos: "Mi alma está triste hasta el punto de morir; quedaos aquí y velad conmigo", en otras

palabras: *"¿Podrán acompañarme en este trance?, necesito sentir que ustedes me comprenden y aprecian, que me ofrecen su hombro para confortarme, su silencio cariñoso para llorar..."* Muchos cristianos, al imaginarse a Jesús pidiendo apoyo afectivo, se han conmovido pensando en lo que darían por haber estado ahí esa noche, velar con él, consolarlo y demostrarle amor, pero los discípulos se durmieron; igual que lo hacen **hoy** esos mismos cristianos frente a la necesidad afectiva de sus seres queridos.

28
Ley de los hermanos

Los hermanos se necesitan mutuamente, forman parte uno del otro y, al pelearse, abren heridas muy profundas que duelen durante toda la vida.

de Sangre de campeón

UN HERMANO ES EL MAYOR TESORO DE LA TIERRA
Citas tomadas de *Sangre de campeón*

Los hermanos comparten el amor y la alegría de sus padres, pero también los problemas y las lágrimas.

~·~

Cuando hay carencias, los hermanos pasan hambre juntos; si sus papás discuten, ellos sufren; en Navidad juegan con los mismos juguetes; en vacaciones, se divierten al mismo tiempo.

~·~

Los hermanos tienen un lazo espiritual que va más allá de la amistad.

~·~

Los hermanos crecen juntos, no son rivales, tienen la misma sangre, el mismo origen, se formaron en el mismo vientre; fueron besados, abrazados y amamantados por la misma madre.

BENDICIÓN O MALDICIÓN
Citas tomadas de *Sangre de campeón*

Los hermanos, con sus actos, pueden bendecir o maldecir su casa.

~·~

Hay hermanos que, al morir sus padres, se demandan, se traicionan y hasta se maldicen por causa de la herencia. Esto es una aberración.

Cuando los hermanos se pelean, dejan entrar por la puerta a las fuerzas del mal y el hogar se llena de demonios; cuando se ayudan y aman, Dios se complace y envía ángeles protectores a esa familia.

ENVIDIAS ENTRE HERMANOS
Citas tomadas de *Sangre de campeón*

El hijo mayor suele volverse muy responsable porque se le exige más que a los otros; los hijos de en medio se vuelven independientes porque se les descuida un poco, y el hijo pequeño se hace un despreocupado porque se le consiente demasiado.

~·~

Cada lugar en el orden familiar es hermoso, tiene ventajas y desventajas; no reniegues por la parte que le tocó.

~·~

Jamás sientas celos de tu hermano. Si algún día tienes riqueza y tu hermano no, compártela con él y tiéndele la mano.

~·~

El amor entre hermanos no puede ni debe cambiarse por cosas materiales.

~·~

Cuando te pidan que protejas a tu hermano menor, no te enfades, no lo tomes como una obligación desagradable, ¡considéralo un privilegio! No todas las personas tienen hermanos. Si tienes uno, cuídalo.

RELACIONES HUMANAS Y FAMILIA

Pocas cosas te pueden provocar un daño espiritual más profundo que vivir peleado con tu hermano...

29

Ley del amor voluntario

El amor es producto de la voluntad. Sólo triunfan en su relación las personas que se basan en el trabajo, la entrega total y la disposición de ayudarse mutuamente.

de La última oportunidad

CUESTIÓN DE VOLUNTADES

El amor no es un intercambio de mitades sino una entrega de dos personas al cien por ciento.

de Un grito desesperado

~·~

El amor no es un sentimiento, es una decisión.

de La última oportunidad

TRÁTENSE BIEN AUNQUE NO LES NAZCA

Citas tomadas de *Juventud en éxtasis*

Las parejas inteligentes no actúan cariñosamente porque sientan amor; al contrario: sienten amor gracias a que actúan cariñosamente.

~·~

El efecto de coherencia en las relaciones humanas provoca que los afectuosos terminen sintiendo afecto entre ellos, y los bravucones terminen odiándose.

~·~

Si está disgustado no discuta. La ira lo hará decir cosas de las que después se arrepentirá. Sepárese por un tiempo, después muestre su bandera blanca y comience a hablar.

NO POSTERGUE SU COMPROMISO DE AMAR

Si nos dijeran que el mundo se acabará en veinticuatro horas, todas las líneas de teléfono se saturarían de personas que llamarían a alguien para decirle "perdóname" y "te amo".

de La fuerza de Sheccid

Una muestra de amor verdadero: estar ahí sin importunar, apoyar sin forzar, ofrecer energía espiritual sin obligar, interesarse en el sufrimiento del ser querido sin intervenir en sus conclusiones de aprendizaje.

de La fuerza de Sheccid

~·~

El verdadero amor no está libre de compromiso, pero en realidad es el más libre porque los seres comprometidos pueden amarse sin límites de entrega ni de tiempo.

de Juventud en éxtasis 2

~·~

El amor es un regalo que implica desprendimiento y en ocasiones dolor, pero quien lo da, contagia a otros el deseo de amar.

de Volar sobre el pantano

"CRISIS POR SECTORES"
Citas tomadas de La fuerza de Sheccid

Alguien cercano sufre y no nos damos cuenta. Sufrimos y las personas cercanas no se percatan. Tenemos profunda necesidad de amor pero escatimamos el que podemos dar.

~·~

Lo más valioso de la vida se encuentra a nuestro alcance; dar consuelo, ánimo y afecto, puede convertir una vida vacía en una vida bendecida y de bendición.

~·~

Las relaciones afectivas están contaminadas con la búsqueda de poder. Todos queremos impresionar, convencer e incluso someter a otros, pero el amor verdadero busca sólo el bienestar de la persona amada.

LA FUENTE DE AMOR INFINITO

Citas tomadas de *Sangre de Campeón*

Piense en alguien muy grande y poderoso que, aunque podía haber juzgado y condenado a muerte a la humanidad por sus rebeldías, inexplicablemente prefirió perdonarla y regalarle su aliento de vida...

~·~

Dios mismo entregó hasta la última gota de su sangre purificando la de usted. Así fue como le brindó esencia de campeón. No por sus merecimientos, sino por gracia. Es decir, como un regalo...

~·~

Cuando una persona recibe a Dios en su corazón y evalúa su infinito amor, tiene suficiente reserva para dar y repartir amor a los demás.

~·~

Alguien debe tener la iniciativa de amar sin pedir nada a cambio. Dios la tuvo. Ahora téngala usted.

RELACIONES HUMANAS Y FAMILIA

Profundice en los conceptos leyendo las obras completas del autor

NOVELA DE SUPERACIÓN PARA PADRES E HIJOS

NOVELA DE VALORES SOBRE NOVIAZGO Y SEXUALIDAD

NOVELA DE SUPERACIÓN PERSONAL Y CONYUGAL

NOVELA DE VALORES PARA SUPERAR LA ADVERSIDAD Y TRIUNFAR

CURSO DEFINITIVO SOBRE CONDUCTA SEXUAL

UNA IMPACTANTE HISTORIA DE AMOR CON MENSAJES DE VALORES

DESARROLLO MÁXIMO DE FACULTADES

TRAICIONES, RUPTURAS Y PÉRDIDAS AFECTIVAS. ESTE LIBRO ES UN ANTÍDOTO

NOVELA FORMATIVA CON 24 DIRECTRICES PARA CONVERTIRSE EN CAMPEÓN

Esta obra se terminó de imprimir en noviembre de 2001
en los talleres de Imprentor, S. A. de C. V.
ESD-8-44-M-57-11-10